NEIL ARMSTRONG

La conquista del espacio

Por Romain Parmentier
En colaboración con Romain Prévalet
Traducido por Marina Martín Serra

NEIL ARMSTRONG

- **¿Nacimiento?** El 5 de agosto de 1930 en Wapakoneta (Ohio)
- **¿Muerte?** El 25 de agosto de 2012 en Cincinnati (Ohio)
- **¿Contexto?** La conquista del espacio
- **¿Objetivo de la expedición?** Enviar a hombres a la Luna
- **¿Regiones del universo exploradas?** El espacio y el suelo lunar
- **¿Hazaña?** Es el primer hombre que pisa la Luna y que toma muestras del satélite

El ser humano ha observado desde siempre el cielo y, en especial, la Luna, que lo ha fascinado hasta el punto de soñar con pisarla un día. Finalmente, la conquista espacial del siglo XX le brindará la oportunidad de hacerlo. El 16 de julio de 1969, el cohete Saturno V, que contiene la nave Apolo 11, despega desde la base americana de Cabo Cañaveral. A bordo van tres astronautas, entre los que se encuentra Neil Armstrong. Destino: ¡la Luna!

Los Estados Unidos llevan prácticamente una década preparándose para semejante hazaña. Inmersos, en plena Guerra Fría (1945-1990), en una carrera desenfrenada contra la URSS, acumulan retraso en la conquista del espacio y se pierden bastantes primicias en la materia. Sin embargo, los americanos no se dejan ganar; se prometieron que serían los primeros en llegar a la Luna, y que lo harían antes del final de los sesenta. El honor de una nación entera está en juego.

El viaje del Apolo 11 hacia la Luna transcurre sin obstáculos. Después de cuatro días, la nave se pone a orbitar alrededor del satélite. Finalmente, la fase final puede empezar. Neil Armstrong entra en el módulo lunar con uno de sus compañeros e inicia el descenso hacia el suelo. A pesar de algunos problemas técnicos, la tripulación aterriza en la Luna el 20 de julio de 1969, a las 20:17 horas. Tras más de seis horas, Neil Armstrong sale de la nave el 21 de julio y, al pisar el suelo, se convierte en el primer ser humano que camina por la Luna. Es un gran paso hacia adelante para la historia de la humanidad.

BIOGRAFÍA

UNA MARCADA INCLINACIÓN POR LA AVIACIÓN Y LA AERONÁUTICA

Neil Armstrong nace el 5 de agosto de 1930 en Wapakoneta, Ohio, en el seno de una familia modesta. Muy pronto muestra una pasión por la aviación, y obtiene su licencia de vuelo el día en que cumple 16 años, sin tener todavía el carnet de conducir. Su familia no dispone de los medios para pagarle los estudios universitarios, por lo que acepta una beca de estudios de la US Navy a cambio de servir en el ejército durante un tiempo. Así, en 1947 entra en la Universidad de Purdue (en Indiana) donde cursa estudios de ingeniero aeronáutico. Sin embargo, el 26 de enero de 1949 se ve obligado a interrumpirlos para llevar a cabo su servicio militar en la marina. Durante 18 meses, sigue una formación de piloto en un portaaviones. Obtiene su título en agosto de 1950, poco después del inicio de la guerra de Corea (1950-1953). En agosto de 1951 Neil Armstrong, todavía de servicio, es enviado al frente, donde lleva a cabo 78 misiones aéreas con éxito. El año siguiente, finalmente puede reprender sus estudios, que termina en 1955.

Foto de Neil Armstrong tras un ejercicio aéreo en 1960.

El joven inicia a continuación una carrera de piloto de pruebas en aviones de reacción. Esta primera actividad, que realiza hasta 1962, le permite probar motores de alto rendimiento, pero también resulta extremadamente peligrosa. Al mismo tiempo, la carrera para la conquista del espacio se acelera. Tras las hazañas de los primeros astronautas americanos, Neil Armstrong decide presentar su candidatura a la NASA en 1962. Seleccionado para integrar el grupo de astronautas 2, llamado también «New Nine», es el primer civil americano que se convierte en astronauta. Después, participa en el programa Gemini, que tiene como objetivo dominar el control de los vuelos espaciales, las salidas espaciales y las maniobras orbitales. El 20 de septiembre de 1965, Neil Armstrong se convierte en el comandante del Gemini 8, preludio de la misión que le brindará la fama.

Neil Armstrong con su ropa de ejercicio para el Gemini 2.

COMANDANTE DEL APOLO 11

En paralelo al Gemini, la NASA lanza en 1961 el programa Apolo con el objetivo de enviar un hombre a la Luna. Durante ocho años se suceden las misiones, acercando a los americanos a su objetivo. En el año 1969, todo parece preparado para alcanzar la Luna. Gracias al sistema de rotación de las tripulaciones del Apolo, a Neil Armstrong se le confía el mando del Apolo 11, misión que tiene que mandar a hombres a la Luna. Pero esto no es todo: la NASA le pide, además, que sea el primero en pisar el suelo lunar.

Durante meses, Neil Armstrong y sus compañeros de equipo se someten a un duro entrenamiento para cumplir su misión con éxito. Finalmente, el 16 de julio de 1969, el astronauta alza el vuelo a bordo del cohete Saturno V. Después de haberse desprendido de las fases sucesivas de la nave, el Apolo 11 inicia su viaje. Tras cuatro días de tránsito, la tripulación alcanza la Luna. El 20 de julio de 1969, el módulo aterriza sin dificultades. El 21 de julio, a las 2:56 horas, Armstrong sale de la nave y se convierte en el primer hombre que pisa el suelo lunar. Tras este éxito triunfal, los astronautas vuelven a la Tierra, donde se convierten en héroes nacionales.

DESPUÉS DE LA LUNA

Después del éxito de la misión Apolo 11, Neil Armstrong decide que no va a volver al espacio. Opta por una carrera de profesor en el departamento aeroespacial de la Universidad de Cincinnati hasta 1979. Igualmente, forma parte de numerosas comisiones de investigación para la NASA, entre las que cabe destacar las de los incidentes de la misión Apolo 13 en 1970 y del transbordador espacial Challenger en 1986.

Neil Armstrong fallece el 25 de agosto de 2012 a la edad de 82 años, a causa de complicaciones cardiovasculares. Sin embargo, seguirá siendo para siempre uno de los mayores héroes de la historia.

CONTEXTO POLÍTICO, SOCIAL Y ECONÓMICO

UN MUNDO SUMERGIDO EN LA GUERRA FRÍA

En 1945, tras la Segunda Guerra Mundial, el mundo se encuentra de nuevo dividido entre dos superpotencias: los Estados Unidos y la URSS. Los dos países, junto con sus aliados respectivos, forman dos bloques distintos que preconizan ideologías y modelos económicos antagonistas: los occidentales favorecen el liberalismo y la economía de mercado, mientras que los soviéticos defienden el comunismo y la economía planificada. Este contexto internacional que marca la segunda mitad del siglo XX no lleva, sin embargo, a un conflicto directo entre los Estados Unidos y la URSS, sino a una fuerte rivalidad para afirmar la superioridad de uno sobre el otro.

Este periodo, llamado Guerra Fría, se caracteriza por un estado de tensión y de disuasión permanente entre los dos bloques sin que se inicie un conflicto armado de amplitud mundial —algo que habría sido catastrófico en la era de la bomba atómica. Sin embargo, los dos bloques intervienen militarmente en conflictos periféricos como la guerra de Corea, las crisis de Berlín (1949 y 1961) o incluso la guerra del Vietnam (1959-1975), lo que agrava de forma inevitable el clima de tensión que reina entre ellos. En los años sesenta, la Guerra Fría llega a su apogeo con la crisis de los misiles de Cuba.

La crisis de los misiles de Cuba (13 de septiembre-20 de noviembre 1962) acentúa la oposición Este-Oeste hasta el punto de amenazar la paz mundial. A principios de los años sesenta, Cuba, contraria al imperialismo americano, favorece el comunismo y se coloca en el bando de la URSS. Esta política hostil hacia los Estados Unidos alcanza el clímax en 1962, cuando Cuba pide protección a su aliado soviético, mediante la instalación de misiles en la isla. La aceptación de Moscú agita los ánimos del bando estadounidense: la instalación de estos misiles representa una verdadera amenaza para los Estados Unidos, que se encuentran cerca de la isla. Mientras algunas naves soviéticas que transportan misiles están de camino hacia el país caribeño, los estadounidenses, que han identificado los lugares de instalación en Cuba, organizan un bloqueo de la isla y lanzan una advertencia a la URSS: la hacen responsable de todo lanzamiento de artefacto nuclear desde Cuba. No obstante, la crisis se resuelve en noviembre de 1962 cuando, queriendo evitar la guerra nuclear, la URSS retira sus barcos. El 30 de junio de 1963, los dos bloques deciden privilegiar la comunicación, instalando un teléfono rojo entre Washington y Moscú.

La rivalidad Este-Oeste se traduce igualmente en una gran multitud de ámbitos, desde la carrera armamentística hasta el deporte durante los Juegos Olímpicos, pasando por la cultura, la ciencia, la tecnología o incluso la propaganda. La conquista espacial y, *a fortiori*, la carrera hacia la Luna, son objeto de una verdadera competencia: en efecto, se trata de mostrar al mundo qué potencia es superior a la otra.

LA CONQUISTA DEL ESPACIO DE LOS SOVIÉTICOS

La conquista del espacio no encuentra su auge hasta el final de la Segunda Guerra Mundial. Durante este período difícil, la Alemania nazi ha hecho progresos considerables en la aeronáutica, inventando el motor a reacción y los misiles balísticos, entre los que se encuentran los terribles misiles V2. Estos avances, aunque están relacionados con el ámbito militar, son el punto de partida para la conquista del espacio. De hecho, una vez terminada la guerra, muchos científicos alemanes viajan a Estados Unidos o a la Unión Soviética, alimentando la carrera desenfrenada de los dos rivales.

No obstante, hay que esperar hasta 1957 para que comiencen los acontecimientos serios. El 4 de octubre, a las 23:26 horas, la URSS envía al espacio el primer satélite artificial llamado Sputnik 1 («compañero de viaje»). La noticia cae como una bomba para los Estados Unidos, que se ven superados por los rusos en esta búsqueda desenfrenada hacia el espacio. Sin embargo, el Sputnik es un dispositivo extremadamente simple. Se trata de una esfera de aluminio de 58 centímetros de diámetro que tiene cuatro antenas y transmisores de radio y pesa alrededor de 83 kilogramos. La hazaña fascina al mundo entero que, durante días. escucha con entusiasmo los «bip, bip, bip» que el satélite envía a las ondas de la radio.

Sputnik 1.

Desde ese día, los rusos continúan desarrollando sus proezas, para disgusto de los estadounidenses. Apenas un mes después del lanzamiento del primer satélite, soviéticos lanzan el Sputnik 2 con la perra Laika a bordo, que se convierte en el primer ser vivo que viaja al espacio. Aunque muere durante la misión, demuestra al mundo entero que se puede sobrevivir a la puesta en órbita y a la ingravidez. A continuación, se envían diez Sputniks al espacio, algunos de ellos con animales que vuelven vivos, lo que demuestra que el vuelo tripulado y el retorno son posibles.

Los soviéticos también se lanzan a la conquista de la Luna en 1959, con las sondas Luna. Aunque Luna 2 se choca contra el satélite natural el 13 de septiembre de 1959, la hazaña es considerable: un objeto hecho por el hombre ha logrado llegar a los confines del universo. El 4 de octubre de 1959, Luna 3 fotografía por primera vez la cara oculta del satélite, algo realmente interesante para todos los astrónomos. Paralelamente, desde 1961 hasta 1963, los rusos lanzan el programa Venera, diseñado para alcanzar y explorar otro planeta en el sistema solar, Venus.

Sin embargo, un nuevo reto se perfila en el horizonte: ahora le toca al hombre viajar al espacio. Una vez más, los soviéticos son los primeros en lograr la hazaña al lanzar el programa Vostok. El 12 de abril de 1961, el teniente Yuri Gagarin (1934-1968) se convierte en el primer hombre que viaja al espacio mediante un viaje de 108 minutos en órbita alrededor de la Tierra a bordo del Vostok 1. Dos años más tarde, el 16 de junio de 1963, la URSS envía al espacio a la primera mujer cosmonauta, Valentina Tereshkova (nacida en 1937). Finalmente, el 18 de marzo de 1965, el teniente coronel Alexei Leonov (nacido en 1934) realiza la primera caminata espacial de la humanidad permaneciendo fuera de su nave durante 10 minutos.

EL RETRASO DE LOS ESTADOS UNIDOS Y LA APUESTA DE KENNEDY

Para Estados Unidos, el éxito del Sputnik es una fuente de angustia. No solo su credibilidad científica está en juego, sino que además la Unión Soviética ahora parece capaz de llegar a suelo estadounidense gracias a sus lanzadores cada vez más potentes. El gobierno no tiene más remedio que reaccionar rápidamente. Sin embargo, habría que esperar hasta el 31 de enero de 1958 para que, tras una serie de fracasos, el primer satélite estadounidense, el Explorer 1, con un peso de apenas 8,5 kilos, alcance con éxito el espacio, seguido del Vanguard 1, conocido como el «pomelo» por los soviéticos a causa de su peso ridículo de un kilo y medio.

Conscientes de su retraso acumulado, los Estados Unidos crean el 29 de julio de 1958 la NASA (*National Aeronautics and Space Administration*), que sustituye a la NACA (*National Advisory Comittee on Aeronautics*). La agencia es responsable de coordinar todas las actividades y proyectos relacionados con el espacio. Sin embargo, el retraso de los estadounidenses sigue siendo importante. Imitando a la URSS, envían a su vez animales al espacio (chimpancés), pero no consiguen ser los primeros en enviar al hombre al espacio. De hecho, el primer vuelo alrededor de la Tierra realizado por los Estados Unidos no se lleva a cabo hasta el 20 de febrero de 1962, con el teniente coronel John Glenn (nacido en 1921) a bordo.

Frente a esta humillación constante, el presidente de Estados Unidos John Fitzgerald Kennedy (1917-1963) hace un gesto político de los más audaces. En un discurso pronunciado ante el Congreso el 25 de mayo de 1961, dice: «We choose to go to the Moon» («Elegimos ir a la Luna», Clemente 2009). Así, el presidente lanza al mundo un verdadero desafío al afirmar que desde ese momento y hasta finales de los años sesenta, un hombre habrá pisado la Luna, y que este hombre será estadounidense. La NASA ve entonces cómo los medios que se ponen a su disposición crecen astronómicamente: se invertirán no menos de 25 mil millones de dólares en esta aventura espacial que llevará al hombre a la Luna. Con los programas Gemini y Apolo, los Estados Unidos recuperan progresivamente su retraso.

LA MISIÓN APOLO 11

T MENOS 10 SEGUNDOS

Hace prácticamente diez años que la NASA se prepara para enviar hombres a la Luna. En julio de 1969, es el momento de materializar el proyecto. La misión encargada de hacerlo se llama Apolo 11 y, tras la rotación de las tripulaciones de astronautas de la NASA, el comando de la nave se le asigna a Neil Armstrong. Para esta misión cuenta con dos compañeros de equipo: Edwin Aldrin, llamado Buzz Aldrin (nacido en 1930) y Michael Collins (nacido en 1930). Durante años, todos se someten a una serie de pruebas y a un duro entrenamiento para estar sometidos a la presión de los despegues o incluso a la ingravidez. Se saben su plan de vuelo y su misión de memoria. Solamente queda ensamblar el cohete para salir.

Tripulación del Apolo 11: Edwin Aldrin, Michael Collins y Neil Armstrong (de derecha a izquierda).

Desarrollado por el ingeniero Werner von Braun (1912-1977), Saturno V es, en esa época, el mayor cohete que se haya construido jamás. Este lanzador gigante está formado por tres niveles que en total miden 110 metros de alto y pesa, con la carga completa, cerca de 3000 toneladas, de las cuales 2700 corresponden al carburante (queroseno, oxígeno líquido e hidrógeno líquido). La estructura del cohete es, en cierto modo, parecida a un termo gigante que tiene que soportar a la vez temperaturas extremadamente frías causadas por el hidrógeno y el oxígeno líquido y los 2750 °C generados por el despegue. Además, en el primer nivel dispone de cinco gigantescos motores F-1, cuya potencia sigue siendo inigualable, que consumen cerca de 2000 toneladas de carburante en un espacio de tiempo de 2 minutos y medio. El segundo nivel dispone también de cinco motores J-2 que, aunque son más pequeños, pueden apagarse o encenderse según la necesidad, al contrario de los motores F-1.

El tercer nivel del cohete, que dispone también de un motor J-2, es el más importante. Es el que contiene el módulo de comando y de servicio, así como el módulo lunar. El primero, llamado Columbia por la misión Apolo 11, es la nave espacial en la que se encuentran los tres astronautas durante su viaje. En el momento de volver a la Tierra, solamente el módulo de comando subsistirá con su importante escudo térmico. El módulo lunar llamado Eagle («Águila») está amarrado al módulo de comando durante el viaje. Con dos astronautas a bordo, se desprende a continuación para alunizar. Una vez se termina la misión, despega y vuelve a unirse con el módulo de comando.

El 16 de julio de 1969, todo está preparado. Sin embargo, la misión continúa siendo extremadamente peligrosa, en vista del número de maniobras delicadas que hay que realizar. Los tres astronautas del Apolo 11 saben, pertinentemente, que solamente tienen un cincuenta por ciento de posibilidades de volver con vida a la Tierra. Sin embargo, no hay nada que pueda desviarlos de su objetivo. Una vez embarcado en el cohete, Neil Armstrong no tiene más que esperar. Empieza la cuenta atrás. T menos 10 segundos, 10, 9, 8…

OBJETIVO LA LUNA

A las 9:32 horas del 16 de julio de 1969, los cinco motores del cohete se ponen en marcha con un ruido ensordecedor que incluso hace temblar el suelo. Más de un millón de personas se han desplazado para asistir al despegue. El espectáculo corta la respiración: de los potentes motores se escapan llamaradas incandescentes; liberado de la rampa de lanzamiento, el cohete empieza su ascenso fulgurante hacia el espacio. En el interior de la cabina, los astronautas no pueden ver lo que pasa. La situación no es fácil para ellos: la aceleración del cohete genera una fuerza equivalente a cuatro veces y media la fuerza de la gravedad de la Tierra.

Despegue del Apolo 11, 16 de julio de 1969.

Los primeros segundos son cruciales, no solamente para los hombres que se han quedado en la Tierra, sino también para Neil Armstrong y sus compañeros de equipo. Efectivamente, no hay nada que pueda detener al cohete, cuya velocidad no para de aumentar hasta alcanzar los 4300 km/h. Un solo error puede provocar una explosión fatal. A 68 kilómetros del suelo, es decir, tres minutos después del despegue, el primer nivel del cohete se desprende. Los cinco motores J-2 toman el relevo, mientras que el primer nivel cae sobre el Atlántico. Seis minutos después, es el turno del segundo nivel: tiene que desprenderse y seguir la misma suerte. Entonces, la fuerza de empuje para la puesta en órbita es colosal. En la Tierra, el cohete no es más que un pequeño punto en el cielo. Tras 11 minutos de vuelo, todo transcurre como estaba previsto, y el cohete entra en órbita.

Para Neil Armstrong y sus compañeros, la vista es espectacular: desde sus ventanillas, pueden contemplar la Tierra, sus continentes y sus océanos. Antes de alcanzar la Luna, el cohete tiene que ponerse en órbita a más de 200 kilómetros del suelo, para entrar en la posición ideal que le permita estar fuera del alcance de la atracción terrestre. Además, hay que esperar un buen posicionamiento de la Luna, para poder alcanzarla algunos días más tarde. Dos horas y media después del despegue, y una traslación y media alrededor de la Tierra, se puede producir la inyección translunar. Los motores se ponen en marcha en un gran encendido para alcanzar la vertiginosa velocidad de 39 000 km/h. El impulso es tan importante que la nave ya no necesita utilizar combustible hasta la Luna. Así, el cohete sale de la atracción terrestre. Ya ha cumplido con su papel a la perfección y puede dejar paso a la nave Columbia.

La operación es crítica: la nave Columbia debe desprenderse del tercer nivel de Saturno V. A continuación, tiene que recuperar el módulo lunar que todavía está acoplado al cohete. Para hacerlo, Michael Collins realiza un giro de 180 °. Entonces, puede proceder con delicadeza al acoplamiento del módulo lunar con Columbia. Los dos módulos se extraen así del cohete, que terminará en órbita alrededor del Sol. Para Apolo 11, la misión continúa. Neil Armstrong y sus compañeros de equipo están ahora de camino hacia la Luna. El trayecto de 385 000 kilómetros dura unas 72 horas y transcurre con normalidad. La velocidad disminuye a lo largo del viaje. Al final de este período de tiempo, la nave tiene que colocarse en órbita lunar. El Apolo 11 alcanza la Luna.

«UN PEQUEÑO PASO PARA EL HOMBRE, UN GRAN SALTO PARA LA HUMANIDAD»

El 19 de julio de 1969, tras más de 75 horas de viaje, el Apolo 11 emprende su puesta en órbita alrededor de la Luna. Para conseguirlo, la nave tiene que rodear nuestro satélite natural, pasando por su cara oculta, lo que provoca que las comunicaciones con la Tierra se corten. Neil Armstrong y sus compañeros de equipo están solos para efectuar esta maniobra crucial. Los astronautas tienen que volver a activar los motores de la nave para disminuir la velocidad y forzar la puesta en órbita lunar. Si no lo consiguen, su nave volverá a ser enviada a la Tierra. Afortunadamente para la tripulación, todo va bien y la puesta en órbita es un verdadero éxito. La Luna, que no está más que a un centenar de kilómetros, se ofrece a los astronautas, que la contemplan en directo por primera vez.

Neil Armstrong y Buzz Aldrin son los elegidos para bajar a la Luna, y su emoción es cada vez mayor. Sin embargo, tienen que esperar trece traslaciones lunares antes de emprender el descenso. Durante este tiempo de espera, buscan referencias topográficas e intentan localizar el lugar de alunizaje. El 20 de julio, tras 96 horas de viaje, Neil Armstrong y Buzz Aldrin entran en el módulo lunar Eagle, dejando a Michael Collins solo en el módulo de comando. Igualmente, realizan una última comprobación de todos los sistemas. Han girado ya doce veces alrededor de la Luna, y ya es el momento de emprender la fase final de la misión. En el módulo de comando, Michael Collins, que continuará girando alrededor de la Luna, lanza la maniobra de alejamiento haciendo que el Eagle se desprenda. La separación se hace sin problemas y, al final de la decimotercera traslación, Neil Armstrong empieza su descenso hacia el suelo lunar.

De forma lenta pero segura, el Eagle se acerca al suelo. Pero, a pocos minutos del alunizaje, se dispara una alarma: la NASA comunica que el ordenador del módulo está sobrecargado y, a bordo, Neil Armstrong mantiene la calma. Aunque la misión no se interrumpe, la alarma impide que el astronauta ajuste por última vez su posición con tal de alunizar en la zona convenida. Las reservas de combustible del Eagle disminuyen y en el horizonte solamente se ven cráteres, lo que impide cualquier intento de posarse en la superficie de la Luna. Sin embargo, el descenso continúa. Finalmente, cuando solamente quedan 30 segundos para que se agoten las reservas de combustible, Neil Armstrong encuentra un lugar conveniente. El 20 de julio a las 20:27 horas, el módulo lunar se posa sobre la Luna, a siete kilómetros de la zona prevista inicialmente, en el lugar que Neil Armstrong llama «la base de la tranquilidad». En la Tierra, la sensación es de alivio: el hombre acaba de aterrizar sobre la Luna.

Los astronautas no caben en sí de emoción. Comprueban todos los sistemas y esperan la autorización para salir. Cuando ya han efectuado los últimos ajustes, entran en su traje espacial y abren la puerta del módulo. Neil Armstrong es el primero en salir. Durante este tiempo, en la Tierra, las televisiones del mundo entero retransmiten el evento en directo. El 21 de julio de 1969, a las 2:56 horas, Neil Armstrong pone un pie sobre el suelo lunar, convirtiéndose en el primer hombre que camina sobre la Luna. Entonces, pronuncia una frase que se quedará grabada en la memoria: «es un pequeño paso para un hombre, pero un gran salto para la humanidad». (Rivera 2012).

Primeros pasos del hombre sobre la Luna.

PASEO EN EL CLARO DE TIERRA

Una vez alcanza el suelo lunar, Neil Armstrong comienza las observaciones científicas que la NASA requiere. Empieza describiendo el suelo, que tiene una textura en polvo como carbón calcinado, antes de volverse extremadamente duro, a unos 15 centímetros de profundidad. A continuación, toma algunas fotos y empieza a tomar muestras de roca. Gracias a la débil gravedad de la Luna (1/6 de la de la Tierra), moverse resulta muy fácil: caminar nunca fue tan sencillo.

Quince minutos después de la salida de Neil Armstrong, le toca a Buzz Aldrin bajar la escalera del módulo. Maravillado por la extensión desértica dominada en el horizonte por un sorprendente claro de Tierra, se exclama: «¡qué magnífica desolación!» (Galán y Yagüe 2009). Los dos astronautas colocan a continuación una pequeña placa conmemorativa en la que se representan los dos hemisferios de la Tierra, la firma de los tres astronautas y la del presidente Nixon (1913-1994), y el texto siguiente: «Aquí, seres humanos del planeta Tierra han caminado por primera vez sobre la Luna. Julio de 1969 d. C. Venimos en son de paz en nombre de toda la humanidad»[1]. Sin embargo, los grandes discursos ahora tienen que dejar lugar a la misión científica. Se emplea cada instrumento a su turno, empezando por el captador de partículas del viento solar y pasando por el sismógrafo. Asimismo, los astronautas continúan recogiendo muestras rocosas, filmando y tomando un máximo de fotografías.

Mientras tanto, Neil Armstrong planta la bandera americana en el suelo lunar. Debido a la ausencia de viento que comporta la falta de atmósfera, la bandera está equipada con barras rígidas que permiten que esté desplegada. Con este gesto, los americanos ratifican su victoria ante los soviéticos en la carrera hacia la Luna. Algunos minutos más tarde, la NASA interrumpe el trabajo de los astronautas con una importante llamada telefónica. Se trata de Nixon que, desde la Casa Blanca, felicita a los astronautas por su increíble éxito y les expresa su agradecimiento. Ahora, el universo forma parte del mundo de los hombres.

Después de una exploración de 2 horas y 31 minutos, Neil Armstrong y Buzz Aldrin han gastado sus reservas de oxígeno. Ahora toca volver al módulo lunar.

HOUSTON, VOLVEMOS

Los astronautas han cumplido con su misión a la perfección.

---

1. Cita traducida por 50Minutos.es

Ahora toca volver a la Tierra. Para hacerlo, el módulo lunar tiene que levantarse del suelo gracias a un potente motor, luego tiene que volver hacia el Columbia y acoplarse para permitir que Neil Armstrong y Buzz Aldrin vuelvan a la nave. La maniobra vuelve a ser extremadamente delicada y se ve complicada por dos acontecimientos:

• la nave Columbia ignora donde se encuentra el módulo lunar, ya que este último no ha alunizado en el sitio planeado;
• los astronautas se dan cuenta de que habían roto el interruptor de alimentación del motor del módulo lunar.

Por suerte, todo se arregla. La NASA termina por localizar aproximadamente el módulo lunar. En cuanto al interruptor, Buzz Aldrin consigue accionarlo con la punta de un bolígrafo. El despegue se fija para la 124.ª hora de la misión, es decir, 21 horas y 36 minutos después del alunizaje. A la hora acordada, Neil Armstrong acciona el motor del módulo. El Eagle vuelve a alzar el vuelo.

La nave Columbia está en el lugar de encuentro y el acoplamiento se hace sin problemas. Los tres astronautas están reunidos de nuevo y ya solamente tienen que volver. El 24 de julio de 1969, Neil Armstrong y sus compañeros de equipo se encuentran frente a la Tierra. Sueltan el módulo de servicio 15 minutos antes de su entrada en la atmósfera. Lo que queda del Columbia se transforma entonces en una verdadera bola de fuego. Por suerte, el escudo térmico aguanta y los paracaídas se abren. A las 16 horas 51 minutos, tras 195 horas y 19 minutos de misión, el Apolo 11 amara en el Pacífico. A continuación, el portaviones USS Hornet recoge a los astronautas. Por razones de seguridad, son puestos en cuarentena durante 21 días para evitar cualquier contagio, ya que todavía se desconoce si la Luna es estéril.

La misión es un verdadero éxito: Neil Armstrong y sus compañeros han cambiado el mundo para siempre.

REPERCUSIONES

LAS CONSECUENCIAS TECNOLÓGICAS

El discurso de John Fitzgerald Kennedy, en 1961, impulsa a América hacia un increíble desafío industrial y técnico cuyas consecuencias económicas y tecnológicas son colosales. En la carrera hacia la Luna, se invierten no menos de 25 mil millones de dólares, con la colaboración de 20 000 empresas y de 350 000 técnicos. Así pues, la conquista espacial es un importante motor de la economía americana.

Además, la misión Apolo 11 y, *a fortiori*, el conjunto de los programas espaciales, han contribuido innegablemente a la revolución tecnológica de la segunda mitad del siglo XX. Durante la década que ha ocupado la carrera hacia la Luna, los ingenieros aeronáuticos han desarrollado materiales totalmente innovadores como el titanio, el Kevlar, los materiales sintéticos o incluso el revestimiento antifuego, que han permitido construir los cohetes y las naves espaciales. También desarrollaron nuevas técnicas de liofilización de los alimentos, utilizadas posteriormente en la industria agroalimentaria. Al mismo tiempo, surgen nuevas tecnologías tales como las pilas de combustible, las pilas fotovoltaicas, los paneles solares, el antepasado del GPS o incluso el teléfono celular. Es el mismo caso para el ordenador, cuyos primeros lenguajes de programación y primeras unidades se utilizan para hacer los cálculos complejos que requieren las misiones Apolo. Incluso los pañales, tan comunes hoy en día, son producto de la conquista del espacio, ya que los astronautas no tenían otra manera de hacer sus necesidades en el espacio. Todos estos avances y muchos otros se han extendido a nuestra sociedad y a nuestras tiendas de consumo.

Del mismo modo, el ámbito de las telecomunicaciones se transforma para siempre con la carrera espacial. El lanzamiento del Sputnik en octubre de 1957 es solamente el preludio del lanzamiento de cientos de satélites cuyas hazañas son enormes. En 1962, el satélite estadounidense Telstar 1 inaugura la era de las telecomunicaciones transmitidas desde el espacio. Hoy en día, todos estamos conectados entre sí ya sea a través del móvil, GPS o Internet, y esto se debe a los satélites que nos rodean. El razonamiento es el mismo en la ciencia. La meteorología, la climatología o las otras investigaciones del medio ambiente dependen ahora de la tecnología espacial. En pocos años, el mundo se transforma hasta el punto de convertirse en dependiente de los avances espaciales.

LA EXPLORACIÓN DEL ESPACIO

Además de los tremendos avances técnicos, la conquista del espacio y la carrera hacia la Luna abren también la era de la exploración del universo, para comprender mejor el espacio y nuestro propio planeta. Así, los artefactos espaciales han proporcionado mucha información sobre nuestra atmósfera y el campo magnético de la Tierra. Incluso han detectado la existencia de los vientos solares y de su impacto en la Tierra y la magnetosfera.

La Luna ha sido, evidentemente, objeto de investigaciones extensivas que han ayudado a aumentar el conocimiento sobre este satélite natural. Decenas de sondas tanto estadounidenses como soviéticas han aportado miles de fotografías de las dos caras de la Luna. Las misiones Apolo, que continúan hasta 1972, envían en seis ocasiones a hombres a la Luna con el fin de recoger nuevos datos. A lo largo de sus misiones, los astronautas en el terreno dejan varios instrumentos científicos, como magnetómetros, detectores de partículas o sismómetros que permiten adquirir un mejor conocimiento del entorno lunar. Se llevan a la Tierra no menos de 400 kilogramos de muestras del suelo. A través de estos estudios, los científicos pueden determinar la composición química de la Luna, así como sus orígenes. La hipótesis más extendida sobre la formación de la Luna la atribuye a una colisión entre la Tierra y otro protoplaneta (planeta en formación) hace unos 4526 mil millones de años.

Por último, rápidamente el estudio de la Luna se convierte en un trampolín para la exploración de otros planetas o incluso del universo entero. Desde los años sesenta y durante las décadas siguientes, se envían decenas de sondas por todos los rincones de nuestro sistema solar para explorar los planetas, empezando por los más cercanos —Venus y Marte— para luego observar los más lejanos como Júpiter, Saturno o Urano. Los telescopios espaciales apuntan hacia el universo distante, observando los miles de millones de estrellas y galaxias con una precisión sin precedentes en la Tierra.

Al pisar la Luna, Neil Armstrong y sus sucesores nos han abierto las puertas de la exploración del espacio, ampliando los límites de nuestro conocimiento del mundo, que no ha dejado de crecer desde entonces.

EN RESUMEN

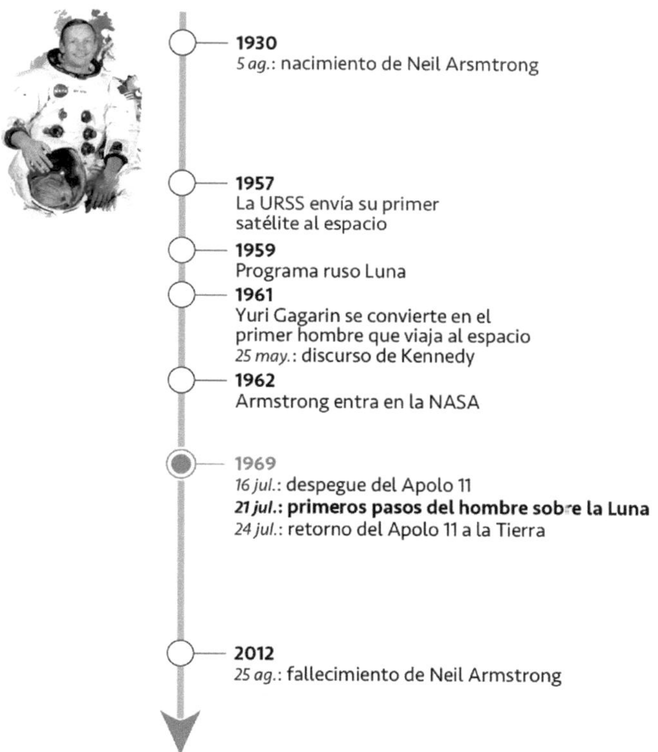

1930
5 ag.: nacimiento de Neil Arsmtrong

1957
La URSS envía su primer
satélite al espacio

1959
Programa ruso Luna

1961
Yuri Gagarin se convierte en el
primer hombre que viaja al espacio
25 may.: discurso de Kennedy

1962
Armstrong entra en la NASA

1969
16 jul.: despegue del Apolo 11
21 jul.: **primeros pasos del hombre sobre la Luna**
24 jul.: retorno del Apolo 11 a la Tierra

2012
25 ag.: fallecimiento de Neil Armstrong

- Neil Armstrong nace el 5 de agosto del 1930 en Ohio. Apasionado por la aviación, cursa estudios de ingeniería aeroespacial en la Universidad de Purdue. Es reclutado para la guerra de Corea, y luego regresa a los Estados

Unidos para convertirse en piloto de pruebas.

- En 1962, Neil Armstrong decide entrar en el programa espacial de la NASA. Aceptado por esta última, participa en la misión Gemini 8 en 1965. Luego es seleccionado para ser el comandante de la misión Apolo 11 que tiene por objetivo enviar a hombres a la Luna.
- El 16 de julio de 1969, el astronauta, junto con Buzz Aldrin y Michael Collins, toma la salida a bordo del cohete Saturno V. El despegue pone a prueba a los astronautas que, en pocos minutos, se encuentran en órbita alrededor de la Tierra.
- Después de haber efectuado una traslación y media alrededor de nuestro planeta y de haber alcanzado una posición ideal, los motores se activan de nuevo para realizar la inyección translunar. A continuación, Neil Armstrong y sus compañeros de equipo son proyectados hacia la Luna. Se deshacen de lo que queda del cohete mediante la extracción del módulo de comando y la recuperación del módulo lunar.
- Después de un recorrido de 385 000 kilómetros que dura aproximadamente 72 horas, los astronautas llegan a la Luna. A continuación, se ponen en órbita alrededor de esta para evitar ser enviados de vuelta a la Tierra.
- El 20 de julio, Neil Armstrong y Buzz Aldrin entran en la nave lunar. Esta última se separa del módulo de comando y comienza su descenso hacia la superficie lunar. Sin embargo, el alunizaje inicial se ve perturbado por la activación de una alarma. Distraído, Neil Armstrong no alcanza la zona acordada y debe encontrar un nuevo sitio.
- Cuando tan solo le quedan 30 segundos de combustible, el módulo finalmente aterriza en la Luna. Después de la

verificación de los sistemas, Neil Armstrong sale de la nave. El 21 de julio de 1969 a las 2:56 horas, pone un pie en el suelo, convirtiéndose en el primer hombre que camina sobre la Luna.

- Seguido por Buzz Aldrin, Neil Armstrong comienza la parte científica de la misión. Toma fotografías, recoge muestras y coloca los instrumentos científicos. Los astronautas también aprovechan para colocar una placa conmemorativa, plantar la bandera de los Estados Unidos y hablar con el presidente Nixon, que los felicita por su proeza.
- Después de 2 horas y 31 minutos de exploración, los astronautas regresan al módulo. Unas horas más tarde, despegan de la Luna y vuelven a encontrarse con la nave principal. Es el momento de volver a la Tierra.
- Después de esta hazaña, Neil Armstrong decide no volver al espacio. Se convierte en profesor de la Universidad de Cincinnati y participa en comisiones de investigación para la NASA.
- Muere el 25 de agosto de 2012 en Cincinnati.

PARA IR MÁS ALLÁ

FUENTES BIBLIOGRÁFICAS

- Armstrong, Neil. 1970. *Premiers sur la Lune*. París: Laffont.
- Chaikin, Andrew. 1994. *A Man on the Moon, the Voyages of the Apollo Astronauts*. Nueva York: Viking.
- Chaikin, Andrew. 1999. *A Man on the Moon. A Giant Leap*. Alejandría: Time-Life.
- Harland, David M. 2007. *The First Men on the Moon, the Story of Apollo 11*. Nueva York: Praxis.
- Hachette. 2007. "La guerre froide et la coexistence pacifique". *Histoire universelle: Les guerres mondiales*, tomo 19. París: Hachette.
- Hachette. 2007. "La politique des blocs". *Histoire universelle. Les guerres mondiales*, tomo 19. París: Hachette.
- Reynaud, Marie-Hélène, Patrick Facon y Philippe de La Cotardière. 1983. *La conquête de l'espace*. París: Larousse.
- Roosens, Claude. 2001. *Les relations internationales de 1815 à nos jours: après 1939*, tomo 2. Lovaina la Nueva: Academia-Bruylant.

FUENTES COMPLEMENTARIAS

- Clemente, Rafael. 2009. "A la Luna con 72K". *El País*. 16 de julio. Consultado el 15 de abril de 2016. http://elpais.com/diario/2009/07/16/ciberpais/1247711065_850215.html
- Galán, C. y D. Yagüe. 2009. "¡Qué magnífica desolación!". *20 minutos*. 20 de julio. Consultado el 18 de abril de

2016. http://www.20minutos.es/noticia/480610/0/
aniversario/llegada/luna/

- Grimberg, Carl. 1965. *Histoire universelle. De la faillite de la paix à la conquête de l'espace*. Verviers: Gérard.
- Mailer, Norman. 2010. *Moonfire. La prodigieuse aventure d'Apollo 11*. París: Taschen.
- Rivera, Alicia. 2012. "Muere Neil Armstrong, el hombre que dio un gran salto para la humanidad". *El País*. 25 de agosto. Consultado el 18 de abril de 2016. http://sociedad.elpais.com/sociedad/2012/08/25/actuali-dad/1345923327_091275.html
- Shepard, Alan. 1994. *Moon Shot: the Inside Story of America's Race to the Moon*. Atlanta: Turner.
- Sparrow, Giles. 2008. *La conquête de l'espace*. París: Flammarion.
- Woods, David W. 2008. *How Apollo Flew to the Moon*. Nueva York: Praxis.

FUENTES ICONOGRÁFICAS

- Foto de Neil Armstrong tras un ejercicio aéreo en 1960. © Nasa.
- Neil Armstrong con su ropa de ejercicio para el Gemini 2. La foto reproducida está libre de derechos.
- Sputnik 1. La foto reproducida está libre de derechos.
- Tripulación del Apolo 11: Edwin Aldrin, Michael Collins y Neil Armstrong (de derecha a izquierda). La foto reproducida está libre de derechos.
- Despegue del Apolo 11, 16 de julio de 1969. © Nasa.
- Primeros pasos del hombre sobre la Luna. © Nasa.

PELÍCULA Y DOCUMENTALES

- *Space Race*. Documental en cuatro partes. Dirigido por Chris Spencer y Mark Everest. Reino Unido, Rusia y Alemania, 2005.
- *En la sombra de la Luna*. Dirigido por David Sington. Estados Unidos, 2007.
- *Moonshot*. Dirigida por Richard Dale, con James Marsters, Andrew Lincoln y Daniel Lapaine. Estados Unidos, 2008.
- *Apollo 11: L'Aventure en direct*. Producido por La Sept vidéo. Francia, 2009.

MUSEO Y MONUMENTOS CONMEMORATIVOS

- Centro espacial Kennedy en Florida, Estados Unidos.
- Estrella conmemorativa en el Paseo de la fama (*Walk of Fame*) en Hollywood, California, Estados Unidos.
- Johnson Space center (NASA) en Houston, Texas, Estados Unidos.
- Neil Armstrong Air and Space Museum, en Wapakoneta, Ohio, Estados Unidos.
- US Space & Rocket Center en Huntsville, Alabama, Estados Unidos.